AF321462

HYPNOTISME

PAR

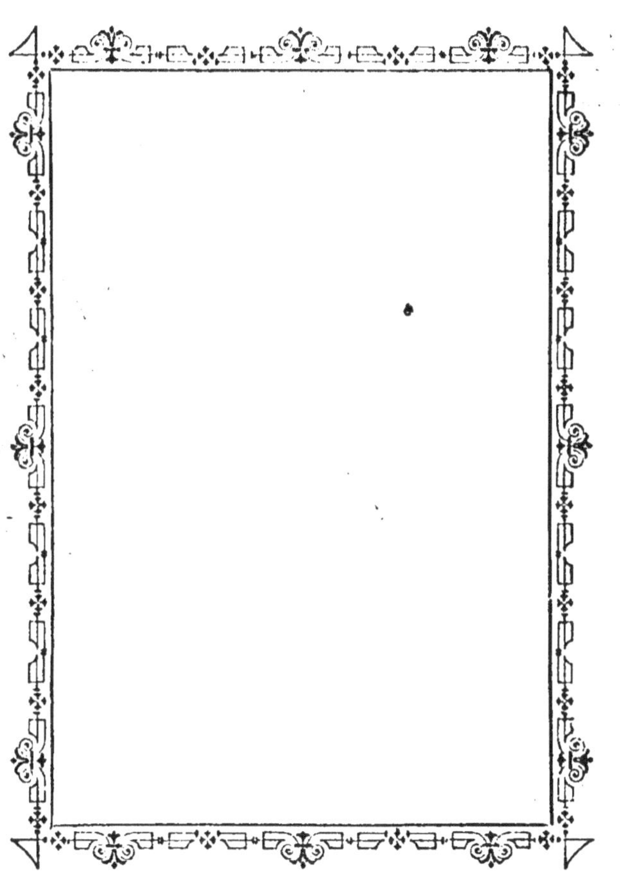

Le Docteur A. LUCIOW'S

PRIX : UN FRANC

TOULOUSE
IMPRIMERIE PASSEMAN & ALQUIER
Rue des Gestes, 6.

1887

INTRODUCTION

L'Hypnotisme, illustré par Charcot, est, actuellement, en pleine période de vulgarisation et du salon à la chaumière les expériences se poursuivent, selon l'heure et le milieu, avec une constance digne du meilleur sort.

En esquissant, à grands traits, quelques-uns des moyens usuels pour atteindre de la théorie à la pratique et de la pratique à un résultat relativement satisfaisant, je n'ai cherché à m'imposer en aucune façon ni à quiconque.

Je ne saurais pas plus avoir, en effet, la prétention d'édifier nos savants que celle de convaincre les incrédules et de raffermir les croyants dans une foi plus ou moins laborieuse.

Selon la mesure de ses connaissances chacun appréciera, donc, quel profit il peut tirer de ce modeste essai.

Et ma satisfaction résidera, toute entière, dans celle de mes émules eux-mêmes, si, toutefois, j'ai le bonheur d'en créer.

PREMIÈRE LEÇON

A l'Hypnotiseur

Parmi les sujets, d'ailleurs assez rares, il faut puiser, principalement, dans l'élément féminin, en raison de son essentielle sensibilité.

Il importe, également, que le sang froid et la volonté ferme, qui guideront vos tentatives, s'exercent sur un médium sympathique et docile, en conséquence, à l'ascendant moral que vous aurez à lui imposer.

DEUXIÈME LEÇON

A quoi l'on reconnaît un sujet

Les yeux sont le miroir de l'âme, a-t-on dit. Vous chercherez, de préférence, ceux dans lesquels se révèlent, avec une bonté native, la douceur qui en peut procéder, la poésie des sentiments et la passivité du caractère.

Un examen sommaire suffit à l'observateur et le sujet, ainsi découvert, est bien celui que courberont les premières atteintes fluidiques.

TROISIÈME LEÇON

Des passes hypnotiques

Votre conviction restant bien acquise à ce dernier égard vous vous emparez du médium et, l'ayant convenablement assis à l'encontre de la lumière, placez ses deux mains dans les vôtres. La pression doit se produire doucement sur le pouls, pendant que le regard vise droit dans le regard, aidé par les projections lumineuses de l'éclairage, dont vos yeux concentrent les principaux rayons.

L'accentuation du pouls indique les progrès de la fascination.

Il convient alors — *vérification faite des battements* — de placer la main droite sur le front, le pouce appuyé à la hauteur des paupières et de dévisager brusquement le sujet, en lui inclinant légèrement la tête avec l'ordre formel de répondre à votre regard.

Cette manœuvre doit être exécutée sans exagération de la fonction visuelle et à, environ, 10 centimètres d'écart entre l'hypnotiseur et l'hypnotisé.

QUATRIÈME LEÇON

Des effets produits.

Ce dernier clignotte, sous l'action mordante des buées magnétiques ; la figure dominatrice grandit démesurément, dans la fantaisie de la vision, jusqu'aux proportions fantastiques.

Puis, avec la nuit profonde, l'entendement se voile et le néant se fait.

Le sujet est, dès lors, réduit à composition et la matière appartient à la pensée qui la maîtrise.

Il me reste à indiquer que l'occlusion incomplète des paupières ne résiste pas au léger coup de pouce que, dans ce cas, devra lui appliquer l'opérateur.

Expériences à produire.

Elles sont aussi nombreuses que diverses, en raison de l'aptitude et de l'application du sujet. Je veux entendre, par là, qu'elles restent subordonnées au *quantum* de ses ressources intellectuelles, comme aussi à la somme d'expériences qu'il a pu fournir depuis l'heure du début.

L'échelle de la suggestion sur autrui, dont la base est limitée à quelques mouvements sommaires, nous conduit ainsi, de degré en degré, de l'extase au délire, de la lassitude à l'activité fébrile, de l'indifférence à la passion désordonnée et la gamme des sentiments, qui nous agitent à l'état de veille, se peut épuiser, aisément, jusqu'à l'inspiration du crime ou de tous autres actes qui répugnent à une saine organisation.

C'est à la perspicacité de l'hypnotiseur, autant qu'à sa sagesse et, surtout, à une connaissance approfondie de son sujet, qu'il appartient de décider le point *terminus* ou s'arrêtera son action.

A défaut il se heurterait à l'impossibilité matérielle, en encourant la responsabilité des désordres physiques que son exigence inconsciente pourrait entrainer chez le sujet.

Phénomènes divers.

Je suis d'avis qu'il est suranné d'entretenir verbalement le médium au cours des expériences hypnotiques, la volonté agissant seule, en l'espèce, pour assurer l'exécution d'un acte ou la réalisation d'un désir.

Pensez donc fermement et le succès devra couronner vos efforts.

Parmi les phénomènes cataleptiques que peut assurer la pratique et qui ont le plus captivé l'attention, je cite la rigidité cadavérique, grâce à laquelle le sujet peut, sans souffrances, supporter l'introduction d'un corps acéré sous l'épiderme des parties charnues (biseps, tibias, etc.,) et la position horizontale dans le vide (soit les pieds et les omoplates seulement appuyés sur le dossier d'un siège), avec le poids de un à trois hommes ou son équivalent sur la portion abdominale antérieure.

J'ajoute l'abaissement et le relèvement brusque ou gradué du sujet dans cette attitude et la paralysie partielle à déterminer au gré de l'opérateur.

Réveil du sujet.

La déperdition des forces se produisant, plus considérablement, durant le sommeil magnétique, il importe de fixer, sur les capacités musculaires du sujet, le moment précis du réveil.

Celui-ci se produit par le dégagement des microphiles ou vaisseaux filiformes, en relation directe avec l'encéphale.

Pour l'obtenir vous opérez la contraction d'ensemble de l'occiput et du front, à l'aide des pouces arrondis qui vous serviront, ensuite, à frictionner légèrement les globes occulaires ou yeux, sur lesquels vous soufflerez fortement, pour finir, en inculquant au sujet qu'il doit revenir, tout à la fois, à la vie normale, comme à la santé et que l'oubli doit se faire sur les faits dont il vient d'être l'acteur inconscient.

Si, le réveil effectué, il subsistait en lui des douleurs cérébrales ou stomacales, il serait prudent de le rendormir aussitôt pour les dissiper par la volonté qu'on doublerait, au second réveil, d'une douce flagellation sur les pommettes, au moyen d'un linge imbibé d'eau.

Derniers conseils.

Dans les diverses tentatives d'hypnotisme où mes modestes notes pourraient vous entraîner, n'oubliez jamais que le sujet est votre *chose* et plus encore, c'est-à-dire une *réincarnation de vous-même.*

Veillez donc sur lui et gardez-le des facéties de mauvais aloi d'un entourage, plutôt enclin au scepticisme qu'à la crédulité et plus disposé pour la gaîté que pour une attention soutenue.

Le moindre inconvénient d'une galerie légère et turbulente est d'intercepter les effets provoqués et de déterminer, de la sorte, le réveil avant le sommeil accompli.

D'où trouble mental chez le sujet et nécessité impérieuse de le rendormir, à nouveau, pour rétablir l'équilibre par un réveil conforme à mes instructions précédentes.

Je conclus en vous rappelant qu'on ne saurait devancer le temps dans sa course et qu'en l'employant comme il convient vous acquerrez, avec l'expérience, l'acquit nécessaire à briller, peut-être utilement, dans le grand art de Mesmer.

Toulouse. — Imprimerie Passeman et Alquier, rue des Gestes, 6.